AF220964

Marrakesch lieben lernen

Der perfekte Reiseführer für einen unvergessli-chen Aufenthalt in Marrakesch inkl. Insider-Tipps, Tipps zum Geldsparen und Packliste

Melanie Fischer

Alle Ratschläge in diesem Buch wurden sorgfältig erwogen und geprüft. Eine Garantie kann dennoch nicht übernommen werden. Eine Haftung für jegliche Personen-, Sach- und Vermögensschäden ist daher ausgeschlossen. Die Benutzung dieses Buches und die Umsetzung der darin enthaltenen Informationen erfolgt ausdrücklich auf eigenes Risiko.

Alle Rechte, insbesondere das Recht der Vervielfältigung und Verbreitung der Übersetzung, vorbehalten. Kein Teil des Werkes darf in irgendeiner Form (durch Fotokopie, Mikrofilm oder ein anderes Verfahren) ohne schriftliche Genehmigung reproduziert oder unter Verwendung elektronischer Systeme gespeichert, verarbeitet, vervielfältigt oder verbreitet werden.

✈ INHALT

Das erwartet Sie in diesem Buch

In diesem persönlichen Stadtführer erwarten den Leser konkrete Ideen und Anregungen, um einen unvergesslichen Urlaub in Marrakesch zu erleben. Ich habe praktische Tipps, die auch für den kleinen Geldbeutel geeignet sind, Hintergrundinformationen und spannende Ausflugsziele für Sie zusammengetragen und präsentiere Ihnen diese in übersichtlicher Form.

Als Reisende und Liebhaberin Marrakeschs hoffe ich, dass dieser Text auch Sie inspiriert, selbst eine Reise in die rote Stadt Marokkos zu wagen.

Informationen zu den bekanntesten Sehenswürdigkeiten und einige meiner Geheimtipps sollen Ihnen die Planung schon im Voraus erleichtern und die Vorfreude steigen lassen. Marrakesch ist eine ganz besondere Stadt, die wie eine Oase vor dem verschneiten Atlasgebirge mitten in der Wüste liegt. Traumhafte Szenen wie aus 1001 Nacht erwarten Sie und ich lade Sie ein, sich darauf einzulassen und sich verzaubern zu lassen.

VORFREUDE

"In Marrakesch sind heute 20 Grad Celsius und Sonnenschein angesagt" – so oder so ähnlich wurde ich wochenlang morgens von meiner Tochter begrüßt. Dazu verträumte Blicke aus dem Fenster in den deutschen Februarhimmel. Teenager können sehr dramatisch sein und die Zeit bis zu den Osterferien ist lang.

Der Zauber von Marrakesch berührt viele Menschen. Marokko war schon in den 60er-Jahren beliebt: Viele Künstler, Hippies und sonnenhungrige Mäzene ließen sich dort nieder, vor allem in

Marrakesch und Essaouira. Seit den 40er-Jahren lässt der Film "Casablanca" die Zuschauer von Fernweh und Liebe träumen und auch der Jet Set hat seit den 90er-Jahren Marrakesch wiederentdeckt und genießt die Sonne in luxuriösen Anwesen.

MARRAKESCH – DIE ROTE STADT

Marrakesch ist also ein Sehnsuchtsort für viele. Es ist ein Traumziel, das man einmal im Leben gesehen haben sollte. Und für manche Urlauber wird es sogar zur zweiten Heimat, wie die vielen, von EuropäerInnen geführten Riads beweisen. Heute leben knapp 930.000 Menschen in der Stadt. Seit den 50er-Jahren hat sich die Einwohnerzahl durch natürliches Wachstum und Landflucht mehr als vervierfacht.

Der Islam ist Staatsreligion und knapp 99% der Bevölkerung sind Muslime.

Die Landessprachen sind Arabisch und seit 2011 Tamazight, die Sprache der marokkanischen Berber. Bildungssprache und inoffizielle Arbeitssprache ist weithin Französisch. Englisch wird immer beliebter bei der jungen gebildeten Bevölkerung.

Marokko ist auf Tourismus ausgelegt, in den großen Städten finden sich allerlei Annehmlichkeiten und Freiheiten, die Einheimischen so nicht zustehen. Man wird als Urlauber gastfreundlich und höflich behandelt. Marrakesch liegt im Südwesten Marokkos, nördlich des Hohen Atlas, den Sie von den vielen Terrassen über den Dächern der Stadt als eindrucksvolle Kulisse sehen können.

Und Marrakesch ist nicht weit. Von Deutschland aus dauert die Reise dorthin etwa einen halben Tag. Und trotzdem liegt die Stadt eine ganze Welt entfernt: Im Orient, in Afrika, in der Wüste, wo die Sterne heller leuchten und die Uhren anders gehen.

Marrakesch hat viele Gesichter. Da ist die staubige, laute Stadt, die Pracht der Märkte und der maghrebinischen Kultur, die Schönheit des Landes im Westen Afrikas und die Weite. Diese beginnt im Kopf, wenn man loszieht, um einen anderen Teil der Welt zu entdecken. Die Landschaft ist weit, die Sprache klingt fremd und es riecht anderes. Wenn man dann wieder zu Hause ist, wird einem alles so grün vorkommen, denn ganz schnell gewöhnen sich die Augen an die roten Gebäude, an die rote Erde und die grelle Sonne. Und wenn man lange genug schaut und

Glück hat, kommt die Weite auch im Herzen an, man beginnt sich auf Marrakesch einzulassen und wird in den Bann dieser einzigartigen Stadt gezogen.

Die bewegte Geschichte Marokkos

Ich will Ihnen nun zuerst ein wenig von der Geschichte Marrakeschs erzählen, denn dieses Wissen kann die Erfahrung ungemein bereichern, wenn man die geschichtsträchtigen Orte und Stätten dann besucht.

Neben Mekenès, Fès und Rabat zählt Marrakesch zu den vier Königsstädten Marokkos. Das bedeutet, dass jede dieser Städte in ihrer Geschichte die Hauptstadt einer der großen Dynastien des Landes war. Die jeweiligen Herrscher hinterließen prunkvolle Paläste, beeindruckende Wehranlagen und wunderschöne Oasen der Ruhe, welche diese Städte bis heute zu beliebten Reisezielen machen. All diese Herrscher bauten zu ihrer Zeit ihre Hauptstadt prunkvoll aus und was davon erhalten ist, kommt uns heute noch zugute, wenn wir auf den Spuren ehemaliger Pracht und Schönheit zu wandeln. Marrakesch wurde am 7. Mai 1070 durch den Anführer der religiösen Bewegung der Almoraviden, namentlich <u>Abu Bakr ibn Umar</u> gegründet.

Yusuf ibn Taschfin, der Nachfolger des Eroberers Abu Bakr eroberte das heutige Nordmarokko und Andalusien und ließ Marrakesch zur Hauptstadt des Reiches ausbauen. Unter seinem Sohn Ali ibn Yussuf wurde die Stadtmauer errichtet, die bis heute erhalten ist.

Im 12 Jahrhundert bildeten sich die Almohaden, eine religiöse Bewegung, die sich gegen die Almoraviden erhob. Sie eroberten Nordmarokko und schließlich 1147 auch Marrakesch. Unter deren Regentschaft wurde die bis heute berühmte Koutoubia Moschee errichtet, die eine der ältesten Moscheen in

Marokko ist.

1269 nahmen die Meriniden Marrakesch ein, nachdem es viele blutige Auseinandersetzungen im Land gegeben hatte. Der neue Herrscher, Adu Yusuf Yaqub erwählte Fès als Hauptstadt seines Reiches. 1554 bis 1659 wurde Marrakesch erneut zur Hauptstadt unter den Saadiern. Ahmed El-Mansour, der zweite Sultan der Dynastie der Saadier legte zwei Mausoleen an, die man heutzutage noch besichtigen kann. Die Saaditen-Gräber befinden sich in der Nähe des beeindruckenden Stadttores Bab Agnaou. Besonders schön ist der Saal der zwölf Säulen, der mit reichen Schnitzereien und Kacheln geschmückt ist und auch der Garten. Der Eintritt kostet 70 Dirham und ist vor allem am späten Nachmittag zu empfehlen, wenn die Sonne die Ruhestätten in eine unvergleichliche, besinnliche Stimmung taucht.

1659 wurde mit der Eroberung von Marrakesch durch die Alawiden der letzte Herrscher der Saadier gestürzt. Die Alawiden führen ihre Abstammung auf Hasan ibn Ali, den Enkel des Propheten Mohammed zurück und dürfen sich somit Scherifen nennen. Dies ist der religiöse Titel für die Nachkommen des Propheten. Nach dem Sieg und der Eroberung

Südmarokkos wurde das Gebiet unter dem Anführer Mulai ar-Raschid vereinigt und befriedet. Marrakesch wurde 1666 erneut als Königssitz zugunsten von Fès aufgegeben und der Aufbau eines Einheitsstaates begann. Im Gegensatz zu den vorhergegangenen Dynastien (Saadier, Meriniden, Almohaden und Almoraviden) hatten die Alawiden keinen Rückhalt durch einen Berber- oder Beduinenstamm, was dazu führte, dass der Mulai Ismail, der jüngere Halbbruder und Nachfolger des ersten Sultans, ein Heer aus schwarzafrikanischen Sklaven aufbaute, mit denen er Marokko kontrollieren konnte. Den Tod des zweiten Sultans 1727 überdauerte diese Befriedung allerdings nicht und weitere Macht- und Freiheitskämpfe um die Autonomie und den politischen Einfluss der Stämme prägten die folgenden Jahrzehnte.

Seit dem 19. Jahrhundert versuchten die bis heute herrschenden Alawiden, durch Handelsverträge Kontakt mit Europa und den USA zu fördern und durch die Modernisierung von Armee und Verwaltung die Berber- und Beduinenstämme unter Kontrolle zu bringen. Doch mit dem Krieg Spaniens gegen Marokko 1859 begann Europas direkte Einflussnahme auf das Land, das zwar seine

Unabhängigkeit sichern, sich jedoch nicht dem zunehmenden Einfluss Frankreichs erwehren konnte. Die führte zur ersten und zweiten Marokkokrise, da das Deutsche Reich versuchte, gegenüber Frankreich und Großbritannien seine Interessen zu verteidigen. Aber dem Griff Frankreichs konnte sich Marokko nicht mehr entwinden und musste 1912 das französische Protektorat anerkennen.

Das französische Protektorat dauerte von 1912 bis 1956. In dieser Zeit wurde ein einheitlicher Wirtschaftsraum geschaffen, indem in den Ausbau der Infrastruktur investiert und die Städte an der Atlantikküste verbunden wurden. Die Urbanisierung des Landes und die Entwicklung der Wirtschaft wurden extrem beschleunigt. Auch erwies sich Marokko im Zweiten Weltkrieg als wichtiger Außenposten für Frankreich. Obwohl die Zentralverwaltung gegenüber den Berberstämmen durchgesetzt wurde, entwickelte sich seit 1930 eine Unabhängigkeitsbewegung, die 1944 zur Gründung der bis heute ältesten Partei führte, der Istiqlal. Auch Sultan Mohammed V., der Großvater des herrschenden Königs Mohammed VI., unterstützte die Partei. 1956 erlangte Marokko seine Unabhängigkeit. Seit 1959 besteht das

Frauenwahlrecht in Marokko.

Das Land ist eine konstitutionelle Monarchie, der König ist demnach Oberbefehlshaber der Streitkräfte und ernennt den Ministerpräsidenten und die Minister. Unter dem Eindruck des Arabischen Frühlings gab es 2011 auch in Marokko Demonstrationen für mehr Demokratie, auf die der König mit Reformen reagierte. Er gilt als gemäßigt modern und ist allgemein recht beliebt, beziehungsweise gehört es nicht zum guten Ton in Marokko, sich über den König negativ zu äußern.

DIE BERBER

Zwischen 40 und 70 Millionen Berber leben heute vor allem in Marokko und Algerien, wo sie einen Großteil der Gesamtbevölkerung ausmachen. Berber ist eine Sammelbezeichnung für die indigene Bevölkerung der nordafrikanischen Länder. Oft bezeichnen sie sich auch als Amazigh oder benutzen die jeweiligen Bezeichnungen der Angehörigen der verschiedenen Stämme und sprechen verschiedenste Dialekte des Tamazight. Die Stämme besiedelten die Region vor ungefähr 6000 Jahren und durch die Eroberungen der Beduinenstämme von der arabischen Halbinsel aus wurden zurückgedrängt. So breiteten sich der Islam sowie die arabische Sprache und Kultur auch in Marokko aus. Die Berber lebten weitgehend sesshaft oder halbnomadisch. Auch heute lebt in vielen Teilen die Landbevölkerung noch sehr einfach in der Natur. Ihre eigene Religiosität war eher geprägt vom animistischen Glauben an Naturkräfte und Naturverbundenheit. Noch heute noch kann man diese Elemente durch den Islam durchschimmern sehen, beispielsweise in den Mustern und Verzierungen der Häuser und Türen und den Tätowierungen der Frauen.

Bei einem Besuch in Marokko hatte ich das große Glück, mit ein paar Freunden zu einer Familie eingeladen zu werden, die unweit von Essaouira traditionell lebt. Das Gastgeschenk: ein Huhn. Nach einer holperigen Fahrt und Verlust von Orientierung und Handyempfang kamen wir an einer Ansammlung von niedrigen Häusern an, um die herum Weizenfelder in voller Reife standen. Argan-Bäume auf den sanften Hügeln und auf den Bäumen bis in die Baumkronen schauten uns die kletternden weißen Ziegen beim Aussteigen zu. Diese Tiere werden Sie auch sehen, wenn Sie ein wenig im Land herumkommen und Richtung Westküste fahren. Das Leben der Einheimischen: schmucklos und hart. Ein eigener Brunnen, eine kleine Herde Nutztiere, das Mehl wird selbst gemahlen und das Brot wird selbst gebacken. Uns wurde alles gezeigt und wir Frauen waren bald umringt von Mädchen, die unsere Hände bewunderten, wie weiß wir sind und wie weich. Sie nahmen uns mit zur Hennabemalung und zum weiteren Bestaunen. Dass niemand die Sprache der anderen verstand, war kein Hindernis, heute erinnere ich mich am besten daran, wie viel alle gelacht haben. Die Söhne der Familien, so erzählten unsere Freunde und Gastgeber später, hätten das Dorf verlassen um ihr Glück und ein Einkommen in der Stadt suchen. Unser Huhn wurde übrigens zum Abendessen serviert, denn so versteht man Gastfreundschaft. Zum Frühstück gab es Bort, das aus dem Kegelofen vor dem Haus, Paste aus gemahlenen Argan-Nüssen von den Bäumen und Honig von den Bienen. So sehr in der Natur wie dort habe ich mich noch niemals gefühlt.

An älteren Frauen kann man oft noch blaue und grüne Gesichtstätowierungen sehen, die bei den

Berberfrauen eine lange Tradition haben. Die Symbole, Schriftzeichen, Muster und Punkte sollten Unheil abwehren, die Naturverbundenheit und den Status der Trägerin zeigen. Durch den Zuzug in die Städte und den Einfluss der arabischen und westlichen Kultur sieht man aber in den Städten heutzutage sehr wenige junge Frauen mit den Indigo-Tätowierungen.

DAS GESICHT DER STADT HEUTE

Neu entdeckt hat unsere Generation Marrakesch nicht, wie ich eingangs schon beschrieben habe. Seit es die Möglichkeit des Tourismus gibt, zieht es die Europäer nach Afrika, in die Wüste, in den traumhaften Orient. In Marrakesch gibt es zwei touristisch wichtige Stadtteile, die sehr gegensätzliche Erfahrungen bieten. Die Medina, die Altstadt mit ihren labyrinthartigen Gassen und dem großen Marktplatz sowie die modernen Stadtteile Guéliz und Hivernage.

Viele Reiseführer berichten Ihnen hauptsächlich von der Medina. Verständlicherweise, denn die großen, wohlbekannten Geschäfte auf der Einkaufsstraße Boulevard Mohamed V. finden Sie sicherlich auch in Deutschland oder in beinahe jedem anderen Urlaubsland. Die Medina dagegen, staubig, eng in den Gassen, ein Gewimmel von Menschen, die Reizüberflutung, die Gerüche nach Menschen, Tieren, Gewürzen, Crêpes und Garküchen, die Stoffe und die Ornamente, die dunklen, schönen Gesichter, aus denen Augen einen aufmerksam beobachten, macht durch all diese Eindrücke den Reiz und die Schönheit von Marrakesch aus. Ich habe jedoch auch einige Vorschläge und Tipps aufgenommen, die Sie ins moderne Marrakesch oder sogar aus der Stadt hinausführen, wenn Sie meinen Spuren folgen. Marokko ist durch die Nähe zu Europa, den Tourismus, der einen so großen Teil der Wirtschaft des Landes ausmacht und auch durch die Politik des Königs ein recht fortschrittliches islamisches Land. Auf den Boulevards aus der Kolonialzeit flanieren, in den kleinen ultraschicken Boutiquen stöbern, in edlen Cafés die Sonne genießen, Kunst anschauen, ins Museum gehen – all das kann man in den modernen Vierteln. Und am Abend leben die Straßen erst so richtig auf. Wenn in der Medina eine Ruhe herrscht, die man sich am Tag kaum vorstellen kann, geht in Guéliz das

Leben los. Im Abschnitt über Ausgehmöglichkeiten finden Sie dazu mehr. Der Bahnhof und das Theater von Marrakesch liegen ebenfalls in Guéliz. Das Theatre Royal ist einen Besuch wert, denn auch wenn Sie nicht in eine Vorstellung gehen möchten, so gibt es doch die Möglichkeit, sich das Gebäude anzusehen. Allein die phantastische Eingangshalle ist sehr sehenswert. Dem Leben der jungen wohlhabenden marokkanischen Gesellschaft ist man hier näher als sonst in Marrakesch. Für diejenigen, bei denen das Lehmrot der Häuser und das Blau des Himmels die Lust erweckt, selbst kreativ zu werden und für diejenigen, die noch Urlaubslektüre in Englisch, Französisch oder Arabisch suchen, gibt es die Buchhandlung Chatr auf der Rue Mohamed El Beqali. Dort finden Sie neben Büchern auch allerlei Künstlerbedarf.

Anreise

RAUS IN DIE SONNE

Wir sind gelandet: Der Flughafen ist modern und durch die helle Eingangshalle sieht man schon den Sonnenschein draußen. Man kann hier auch zum aktuellen Tageskurs Euro in Dirham umtauschen. Wenn am Schalter aber eine lange Schlange steht, machen Sie sich nicht die Mühe, denn überall in der Stadt gibt es Geldautomaten. Als Deutsche brauchten wir einen Reisepass, der noch 6 Monate gültig ist, und füllten dann im Flugzeug eine Einreisekarte aus. Es ist ratsam, einen Kugelschreiber und die Adresse des ersten Aufenthaltsortes dabei zu haben. Die Beantragung von einem Visum ist nicht notwendig, die

Aufenthaltsdauer beträgt 90 Tage. Da sich das aber ändern kann, sollten Sie sich vor der Einreise nochmals über die aktuellen Bestimmungen informieren. Billigairlines wie Ryanair und Easyjet, die Lufthansa sowie die marokkanische AirMaroc bringen Sie in ungefähr 3 bis 4 Stunden ans Ziel Ihrer Reise.

In der Ankunftshalle kann man sich auch gleich eine SIM-Karte für sein Handy kaufen (von den Anbietern Orange und INWI), somit ist man von Anfang an etwas unabhängiger vom WLAN-Netz der eigenen Unterkunft.

Soweit, so gut – wir sind also da. Dann raus in den Sonnenschein und die Wärme: vor dem Flughafen stehen kleine bunte und abenteuerlich aussehende Autos. Der Flughafen Marrakesch - Ménara liegt etwa 6 km südwestlich des Stadtzentrums. Um in die Innenstadt zu kommen, nimmt man am besten eines dieser Petit Taxis. Es ist ratsam den Preis vor der Fahrt auszumachen, denn in Marokko ist das Handeln Bestandteil der Kultur und der sozialen Interaktion. Es gibt noch weitere Taxen, die bei den Parkplätzen warten und deren Fahrer sich oft eher mit angemessenen Preisen zufriedengeben. Man sollte sich mental auf diesen ersten Kontakt vorbereiten und das Hin und Her locker nehmen, denn sonst kann der Start in den Urlaub ein stressiger Kulturschock werden.

Als Richtwert: Eine Fahrt vom Flughafen in die Innenstadt kostet tagsüber etwa 70 MAD, abends etwa 100 MAD und nachts etwa 150 MAD. Die Währung heißt Dirham, wobei 100 marokkanische Dirham in etwa 10 Euro entsprechen.

Außerdem fährt auch halbstündlich ein Bus (Nr. 19) direkt auf der linken Seite vor dem Abfahrtsterminal, der 30 Dirham kostet und einen in 25 Minuten zum großen Djemma El-Fna bringt. Der Fahrer nimmt auch Euro für diese Wegstrecke an.

Für diejenigen, die eine Rundreise planen: Marokko ist gut erschlossen, es gibt Busverbindungen zwischen den großen Städten. Die bekanntesten Busreiseunternehmen sind hier die sicherste Option. Auch Züge fahren, die recht zuverlässig sind. Da Marrakesch weiter südlich liegt als die ebenfalls sehr beliebten Städte Casablanca, Fés und Rabat, ist es ratsam, den Besuch in der Stadt am Anfang oder Ende des Urlaubs zu einzuplanen.

Es ist auch möglich, mit dem Auto oder Wohnmobil nach Marokko einzureisen, indem man von

Spanien mit der Fähre nach Tanger übersetzt. Die Anreise ist lang und kostspielig, von Deutschland aus können Sie mit 300 bis 400 Euro für Treibstoff und Mautgebühren rechnen. Dem gegenüber steht allerdings die große Freiheit und eventuell auch die Übernachtungsmöglichkeit, die ein eigenes Gefährt Ihnen bietet. Noch immer ist Marokko beliebt für Touren mit Auto oder Wohnmobil. Campingplätze gibt es in Marokko nämlich auch. Falls diese Form der Anreise für Sie infrage kommt, sollten Sie sich diesbezüglich bitte auch über aktuelle Bestimmungen informieren, denn das Fahrzeug muss beim Zoll deklariert und zwingend wieder ausgeführt werden. Mietwagen bekommt man in Marokko natürlich auch. Hier können Sie mit 20 bis 90 Euro pro Tag rechnen. Doch sollte man eine gute Portion Fahrpraxis und Gelassenheit mitbringen, um mit dem Verkehr, besonders in den Innenstädten voller Autos, Mopeds und Fußgängern, zurechtzukommen.

DAS GROßE UND DAS KLEINE TAXI

Wie schon beschrieben, ist der Preis einer Taxifahrt wie so vieles anderes eine Art Spiel – es ist Verhandlungssache. Französischkenntnisse bringen einen hier und auch im Rest des Landes auf jedem Fall ein Stück weiter. Der Akzent der MarokkanerInnen ist jedoch erst mal gewöhnungsbedürftig, wenn man selbst nicht perfekt Französisch spricht. Die Menschen, die viel mit Touristen zu tun haben, sprechen meist fließend Englisch, oft auch einige Sätze Deutsch, Spanisch und Portugiesisch. Sie kommen also auf jeden Fall zurecht und können sich verständigen, auch wenn Sie kein Arabisch sprechen. Sich ein paar Wörter und Sätze aufzuschreiben, die Sie mit Einheimischen austauschen können, ist jedoch sicherlich eine gute Idee und eine nette Geste, die Ihnen die Möglichkeit gibt, manchem Einheimischen eine Freude zu machen.

Egal, in welcher Sprache Sie nun sprechen – die Preise für Touristen unterscheiden sich deutlich von denen für Einheimische. Hin und wieder, gerade bei Taxifahrten, wird jeder Reisende auch auf unverschämte Forderungen treffen, da die Fahrten nicht so reglementiert sind wie in Deutschland. Man sollte zum Einsteigen die extrem touristisch geprägten Orte meiden und versuchen, ein fahrendes Taxi anzuhalten. In der Nacht sind die Preise höher.

In den Grand Taxis, die ebenfalls auf Handzeichen anhalten, teilt man sich die Fahrt mit anderen Passagieren und bezahlt nur für seinen Sitzplatz. Es gibt 6 Sitzplätze und man muss eng zusammenrücken, jedoch ist die Fahrt dadurch auch günstiger.

Fast alle Busse halten am Place Djemma El-Fna und am Place Youssef Ben Tachfine und bringen Sie durch die ganze Stadt. Die wichtigsten Buslinien sind die Nr. 1 nach Gueliz, Nr. 8 zum Hauptbahnhof, die Nr. 10 zum Busbahnhof am Bab Doukkala und die Nr. 11 in Richtung Menara-Gärten. Man zahlt für eine Fahrt zwischen 2 und 10 Dirham, umgerechnet also ungefähr zwischen 20 Cent und einem Euro.

Überhaupt ist der Straßenverkehr eine aufregende Mischung aus lauten Autos, Eselskarren, Mopeds, Fußgängern und dem ein oder anderen Fahrrad. Daran muss man sich erst mal gewöhnen. Allerdings ist vieles auch fußläufig erreichbar. Wenn Sie diese Möglichkeit wählen, sollten Sie dabei aber gut auf sich Acht geben, denn es kann sehr anstrengend und heiß werden und ein lockerer Spaziergang am Morgen ist auf dem Rückweg am Mittag etwas ganz anderes. In der Medina empfiehlt es sich aber, zu laufen, denn Autos fahren hier überhaupt nicht. Das sollten Sie eventuell schon beim Packen beachten, falls Sie auf eigene Faust zu Ihrer Unterkunft kommen müssen. Sehr viele Hotels bieten den Gästen einen Shuttleservice vom und zum Flughafen, damit sich die Neuankömmlinge zu Beginn zurechtfinden und in den engen Gassen überhaupt Ihre Unterkunft finden.

Übernachtung

RIADS

Sie werden es wahrscheinlich schon von den märchenhaften Unterkünften in Marrakesch gehört haben: Riads. Das sind mehrstöckige Stadthäuser mit einem begrünten Innenhof oder Garten (arabisch riyāḍ) im Innern des Gebäudes. Die Bauweise geht auf altrömische Villen zurück und mittlerweile sind viele Riads zu Hotels umgebaut, inhabergeführt und wunderschön. Sie bieten den Gästen herrliche Oasen inmitten des bunten Treibens der Stadt. Durch die begrenzte Anzahl an Gästen hat man auch oft das Glück, nette Bekanntschaften mit anderen Reisenden zu machen.

Wer sein eigenes Riad mieten möchte und sich

nicht vor Übernachtungspreisen im vierstelligen Bereich scheut, der kann dies im Royal Mansour, dem luxuriösesten Hotel der Stadt, das dem marokkanischen König persönlich gehört. Ein paar Schritte entfernt vom Mansour, mitten im zentralen Geschehen der Stadt und direkter Nähe zur berühmtesten Moschee kann man im La Mamounia residieren, ebenfalls ein bekanntes Luxushotel.

Ebenfalls luxuriös, wunderschön und dennoch bezahlbarer ist das Riad Flam. Die Inhaberin ist gelernte Masseurin und betreibt in ihrem Haus ein herrliches Spa mit Hammam und Pool. Man bekommt einen sehr guten Service und tolles Essen. Auf Wunsch gibt es auch vegetarische und vegane Speisen. Die Zimmer kosten hier um die 100 Euro pro Nacht.

Wer im Stadtteil Gueliz übernachten möchte und eine moderne Einrichtung lieber mag, dem sei das Hotel Blue Sea Le Printemps ans Herz gelegt. Sehr schick eingerichtet bietet es seinen Gästen einen Außenpool, Minibar in den Zimmern und die Nähe zum Bahnhof sowie einem großen Einkaufszentrum. Die Zimmer bekommt man ab 50 Euro pro Nacht.

In dieser Preiskategorie liegt auch das Riad Palais Calipau im Stadtteil Kasbah. Herrlich weiche Betten, ein Pool und ein Hammam sowie zwei Restaurants machen mein liebstes Hotel aus.

Das Riad Espagne ist eine gute Wahl für den kleinen Geldbeutel. Es befindet sich in einer kleinen Seitengasse der von Händlern gesäumten und überdachten Straße Riad Zitoun Lakdim, die direkt auf den Djemma el Fna zuführt. Das bunte Stadtleben mit all seinen Sehenswürdigkeiten, ein eigenes Bad, Palmen im Innenhof, eine Dachterrasse und freundliches Personal bekommt man hier ab 25 Euro pro Nacht.

GÜNSTIG ÜBERNACHTEN

In Marrakesch werden viele Ferienwohnungen angeboten und auf den einschlägigen Seiten findet man etwas in jeder Preiskategorie. Meiner Erfahrung nach sind die Gastgeber, die meist mit im Haus wohnen, oft sehr freundlich und bemüht. Häufig sind die Wohnungen etwas außerhalb, was jedoch ein Vorteil sein kann, wenn man dem Trubel der Medina entfliehen und sich in der Sonne erholen möchte. Die

Anbindung in der Stadt ist sehr gut. Außerdem lernt man das Leben der Einheimischen auf diese Weise aus einem neuen Blickwinkel kennen und kann selbst kochen. Ein gutes Beispiel ist das Majorelle Piscine, ein Apartmentkomplex auf dem Boulevard Abdelkrim El Khattabi.

Besonders günstig übernachten können Sie, indem Sie das sogenannte Couchsurfing ausprobieren. Natürlich sollte man als Alleinreisende und vor allem als Frau gewisse Verhaltensweisen beachten. Auf diese werde ich in einem späteren Kapitel noch eingehen. Und auch auf der Internetseite selbst gibt es speziell für Couchsurfing Sicherheitshinweise, die nicht nur in Marokko gelten. Sollten Sie dies als Übernachtungsmöglichkeit für sich nutzen wollen, sei noch gesagt, dass das Netz dort nicht so groß ist, da es nur wenige Couchsurfer im Land gibt.

Zudem kann man Couchsurfing nutzen, um Menschen kennenzulernen. Ich selbst habe auf diese Weise Einheimische kennengelernt, die ich sonst nicht getroffen hätte. Vor allem, wenn man sich auf den Straßen bewegt, kann es schwierig sein, andere Frauen kennenzulernen, da die meisten Frauen nicht mit der gleichen Selbstverständlichkeit am öffentlichen Leben teilnehmen wie in Deutschland. Das bedeutet aber keinesfalls, dass sie weniger neugierig auf Fremde wären. Ich würde jedem raten, es zu versuchen und sich mit Leuten zu verabreden, die einem vertrauenswürdig und sympathisch erscheinen und sich von einem Einheimischen die Stadt zeigen zu lassen. Meiner Erfahrung nach sind viele Marokkaner stolz auf ihre Stadt und ihre Kultur und sehr froh, ihr Leben zu teilen, wenn sie jemanden treffen, der an ihrer Lebensart ehrliches Interesse zeigt. Ich habe auf diesem Wege eine Freundin kennengelernt, die – zuerst vorsichtig zusammen mit ihrem Bruder – mit mir eine Stadtführung machte, mich aber dann mit auf die Wochenmärkte in ihrem Viertel nahm und mich mit ihrem Verhandlungsgeschick beeindruckte. Auch zeigte sie mir, wie man Tajine zubereitet wie ihre Großmutter. Sie lud mich zu sich ins Haus ein, wo wir, umringt von einer Schar Kinder, in einem wunderschönen Wohnzimmer mit weichen Kissen und maurischen Kacheln Tee tranken. Und auch Sie war es, die mich mit in ein traditionelles Badehaus nahm. Wir haben noch immer Kontakt.

Es erfordert eventuell ein gewisses Umdenken,

wenn man die Leute näher kennen lernen möchte. Viele junge Menschen, die ich getroffen habe, besitzen eine Offenheit und Neugier, die herzerwärmend ist. Jedoch gibt es strenge Traditionen, geprägt durch den Islam und die Geschichte des Landes. So hat die Familie im Leben junger Frauen ein großes Mitspracherecht und man wird vor allem in den touristischen Gegenden der Stadt nicht viele Marokkanerinnen ohne Begleitung sehen. Auch als Ausländerin sollte man sich bewusst sein, dass es gefährlich sein kann, in abgelegenen Gegenden und in der Nacht allein unterwegs zu sein, und seine Erkundungstouren daran anpassen.

Neue Freunde

EIGENARTEN UND KLISCHEES

Die vielen charaktervollen Gesichter, die Sie unterwegs sehen, machen oft Lust, viele Fotos zu schießen. Doch sollten Sie nie ungefragt Fotos von Händlern und anderen Personen machen, denn damit kommt man schnell in unangenehme Situationen. In der mohammedanischen Religion ist das Abbild zum Zweck der Verehrung des Abgebildeten nicht erlaubt.

Moderne Auslegungen machen zwar einen Unterschied zwischen gemalten Abbildern und Statuen und den als harmloser eingestuften alltäglichen Fotografien. Dennoch sollten Sie auf jeden Fall zuerst die Erlaubnis der Person einholen. Viele Händler und Darsteller auf dem Djemma el Fna möchten auch Geld dafür, dass sie sich fotografieren lassen. Auch hier sollten Sie das vorher klären. Wenn man etwas gekauft hat, haben viele Händler kein Problem mit einem Foto.

In der ganzen Stadt, doch vor allem dort, wo viele Menschen zusammenkommen, gibt es zahlreiche Bettler. Behinderte oder verstümmelte Menschen, junge Frauen mit Säuglingen, sehr alte Menschen und Kinder wird man bettelnd sehen. Es liegt im Ermessen eines jeden, ob man ihnen etwas zusteckt. Man kann beobachten, dass die MarokkanerInnen selbst den Bettlern oft etwas geben. Der Islam gebietet, dass Reiche etwas von dem, was sie selbst an Segen erhalten haben, an die Armen abgeben. Möchten Sie es so halten, sollte die Summe jedoch im Rahmen sein und bettelnde Kinder sollten nichts erhalten, es sei denn, sie erledigen zum Beispiel eine kleine Aufgabe oder verkaufen Ihnen eine Kleinigkeit, zum Beispiel ein Paket Taschentücher. So kommen sie nicht in die Gefahr, zu lernen, dass man mit Betteln ganz gut Geld verdienen kann, denn das geht dann womöglich auf Kosten des Schulbesuchs.

BRÄUCHE UND HÖFLICHKEITEN

In den Museen und modernen Restaurants und natürlich auch in den Hotels gibt es weitestgehend moderne westliche Toiletten. Öffentliche Toiletten finden Sie hier und dort in der Stadt. Oft sind diese aber traditionelle Hockklos ohne Toilettenpapier. Man reinigt sich dort traditionell mit der linken Hand und dem Wasser aus den Waschbecken und auch Männer hocken sich stets hin.

Diese Sitte ist nachvollziehbar, wenn man darüber nachdenkt, dass in der maghrebinischen Kultur zu früheren Zeiten wenig Wasser vorhanden war und mit den Fingern gegessen wurde. Daraus ergibt sich ein islamischer Brauch, der die linke als unreine Hand ansieht und verbietet, mit der linken Hand zu essen. Es kann als Beleidigung aufgefasst werden, die linke Hand im Umgang mit dem Gegenüber zu benutzen. Wenn Sie jemandem etwas reichen, einen Händler bezahlen oder einem Bettler etwas zustecken, tun Sie dies stets mit der rechten Hand. Auch wird bei weniger wohlhabenden Menschen und in den Familien sehr oft mit den Fingern gegessen. Wenn Sie also eingeladen sind, gebietet es die Höflichkeit, auf die Hände zu achten. Man benutzt zum

Essen drei Finger, denn mit der ganzen Hand zu essen wird als ein Zeichen von Gier und schlechten Manieren angesehen.

Gegessen wird in Gesellschaft und vor allem, wenn Sie eingeladen sind, ist es wichtig zu warten, ob ein islamischer Gastgeber vor dem Essen noch etwas sagen oder ein Gebet sprechen möchte. Der Ausspruch "Bismillah", übersetzt "im Namen Allahs", ist üblich. Wenn das Gericht auf einem großen Teller serviert wird, wie es beispielsweise bei Couscous üblich ist, isst man nur, was vor einem liegt und greift nicht über den Teller in den Bereich der anderen.

Ein anderer Ausdruck, den Sie in Marrakesch oft hören werden, ist "Inshallah". Dies bedeutet so viel wie "So Gott will". Es ist nicht nur Ausdruck des Glaubens, sondern steht auch für ein Lebensgefühl, das den Einheimischen eigen ist. Ein Vertrauen in den nächsten Tag, eine Portion Laisser-faire und Lebensfreude. Wenn Sie sich verabreden und sagen: "Bis morgen!" ist die Antwort: "Inschallah!" Die andere Aussage "Mashallah" bedeutet "Gott wollte es so" und wird in der Regel verwendet, um Dank, Anerkennung und Freude für eine Person oder ein

Ereignis auszudrücken.

Als Europäer sollte man sich schon vorher darauf einstellen, dass in Marokko die Religion und der König einen anderen Stellenwert haben als in unserem Kulturkreis. Einzelpersonen mögen radikal, oder liberal eingestellt sein, jedoch sind dies keine Themen, die öffentlich diskutiert werden und auch Pressefreiheit, Frauenrechte, Abtreibung und Homosexualität sind teilweise kritische Themen. Jedoch ist gerade Homosexualität ein Thema, bei dem sehr stark zwischen Einheimischen und AusländerInnen unterschieden wird. Wenn man die Menschen besser kennenlernt, ist es durchaus möglich, ein offenes Gespräch zu führen. Doch auch in dieser Situation würde ich raten, respektvoll und mit Achtung gegenüber den Gebräuchen des Landes vorzugehen und sich eher als Zuhörer zu beteiligen, anstatt Kritik zu üben.

Zur Begrüßung und Verabschiedung geben sich Mann und Frau nur die Hand. Männer unter sich, ebenso wie Frauen, küssen sich zwei Mal auf die Wange. Paare zeigen in der Öffentlichkeit keine körperliche Zuneigung, halten sich auch nicht an den Händen. Paare, die nicht verheiratet sind, können unter Umständen Probleme bekommen, ein gemeinsames Zimmer zu beziehen. Es kommt jedoch durchaus vor, dass sich Männer oder Frauen an der Hand halten. Hier handelt es sich dann um Vater und Sohn oder ähnliche Familienkonstellationen. Auch als männlicher Tourist ist es ratsam, einen gewissen Abstand zu den einheimischen Frauen zu halten. Wenn man als Frau Probleme bekommt, ist die beste Lösung, sich an eine Familie oder eine Frau zu wenden. Die Marokkanerinnen selbst sind meist sehr rabiat und akzeptieren keine Beleidigungen oder Übergriffigkeiten.

Mir selbst ist es mal passiert, dass mir in einer abgelegenen Straße ein Mann mein Handy stehlen wollte. Ich war natürlich sehr aufgebracht und auch verunsichert, vor allem da ich mich verlaufen hatte. Eine Gruppe junger Männer kam mir zu Hilfe. Nachdem ich mein Handy wieder hatte und noch immer etwas unentschlossen war, ob ich mit einem von ihnen mitgehen sollte, der mir anbot, mich zurückzubringen, holte dieser seine drei Kinder, von denen eins noch ein Säugling war, um mir zu beweisen, dass ein keine bösen Absichten hatte. Ich wurde also herzlich von der kleinen Familie zurück zum

Djemma el Fna gebracht und war um eine Erfahrung reicher.

EIN ANDERER KULTURKREIS ERWARTET SIE

Manch ein Reisender wird sich fragen, was er einpacken soll. Ich finde es sehr wichtig, dabei als Zeichen des Respekts auf die lokalen Gepflogenheiten zu achten. Kurze Kleider und weit ausgeschnittene Tops sollten für Clubnächte reserviert werden oder gleich zuhause bleiben. Im Islam ist das bescheidene Bedecken des eigenen Körpers wichtig und das gilt ebenso für männliche Reisende. Kleine Jungs können zwar kurze Hosen tragen, für erwachsene Männer und ältere Kinder ist das jedoch unangebracht und wird oft insgeheim als etwas lächerlich von den Einheimischen angesehen. In gehobenen Lokalen wird darauf auch strenger geachtet.

Lange Hosen, leichte Slipper und Turnschuhe mitzunehmen ist deswegen generell empfehlenswert. Die Einheimischen tragen meistens offene Schuhe, manchmal Sandalen oder Flip-Flops, oder sehr oft auch die wunderschönen traditionellen

Babouches. Ich fand geschlossenes Schuhwerk immer wesentlich angenehmer, da es in der Medina staubig und auf den Shoppingstraßen überfüllt ist. Für Frauen gilt: Weite Kleidung, lange Hosen und Röcke sorgen dafür, dass sie etwas seltener angesprochen werden, vor allem, wenn sie allein unterwegs sind. Eine Sonnenbrille ist auch empfehlenswert, denn Blickkontakt kann des Öfteren als einladend gedeutet werden. Jedoch kann man meiner Erfahrung nach kaum erwarten, auf Marrakeschs Straßen nicht damit konfrontiert zu werden, dass einem hinterhergerufen und gepfiffen wird. In den meisten Fällen ist dies ein harmloses Spiel. Ist man in größeren Gruppen unterwegs, reduzieren sich die Zudringlichkeiten. Ansonsten würde ich empfehlen, klar und bestimmt zu sein und auf keinen Fall zu dulden, dass man berührt oder festgehalten wird und die Komplimente und Sprüche nicht allzu ernst zu nehmen.

Das Wetter spielt auch eine Rolle bei der Kleiderwahl. Im Winter braucht man durchaus warme Kleidung und eine witterungsbeständige Jacke. In den Sommermonaten können die Temperaturen auf über 40°C klettern, wobei es kaum regnet. Gerade wenn man die extreme Hitze und Sonne nicht gewöhnt ist, empfiehlt es sich für alle, zusätzlich zur mitgebrachten Sonnencreme die Haut und den Kopf mit leichten, langärmeligen Tops und zarten Schals zu bedecken. Diese würde ich allerdings nicht mitbringen, sondern mich in Marrakesch auf die Suche begeben, denn es gibt wunderschöne, traditionell gefärbte und in Handarbeit hergestellte Exemplare in den Souks.

EINKAUFEN GEHEN

Andere klassische Souvenirs von den Märkten sind Lederwaren wie Rucksäcke, Pantoffeln, geflochtene Körbe und Taschen, Holzgegenstände wie Kochlöffel und Brettspiele, Einrichtungsgegenstände, Teegläser und -kannen, sowie die Teemischungen und Gewürze selbst.

Es lohnt sich, nicht gleich zu kaufen, sondern sich zuerst mal treiben zu lassen, bis man einen Laden gefunden hat, der einem wirklich zusagt. Das Angebot wiederholt sich in den Gassen der Medina und auch in Guéliz ununterbrochen und nicht alles ist tatsächlich in Handarbeit in Marokko hergestellt.

Doch auch in den Souks gibt es verschiedene Abschnitte, teilweise bekommt man dort unglaubliche Antiquitäten und feinste Handarbeit. Diese hat aber auch in Marrakesch ihren Preis. Auf den Place des Épices, auch Rahba Kedima genannt, werden exotische Tiere verkauft. Zu bestaunen gibt es Schlangen, Schildkröten und Chamäleons. Ein Chamäleon wurde uns auch vorgeführt und meine Tochter durfte Fotos machen, als es auf ihrem Arm saß.

Zudem gibt es kleine, edle, moderne Boutiquen, in die man unbedingt einen Blick hineinwerfen sollte. Es gibt auch Einkaufszentren wie das Carre Eden und die Menara Mall, doch sind diese verglichen mit den anderen Möglichkeiten nicht besonders aufregend. In den meisten Zentren findet man im Untergeschoß einen Carrefour, also einen Supermarkt, wo man auch recht günstig Lebensmittel aus Europa kaufen kann.

Das goldene Öl des Argan-Baumes, das in Marokko hergestellt und als Wundermittel für alles verwendet wird, ist ein beliebtes Mitbringsel. Es wird als Kosmetikprodukt für Haut und Haar verwendet und auch als sehr gesundes Speiseöl. Dies gibt es auch in Bio-Qualität und von Kooperativen aus der

Gegend um Essaouira, die Frauen einen anständig bezahlten und sicheren Arbeitsplatz bieten. Dort zu kaufen möchte ich Ihnen auf jeden Fall ans Herz legen. Es lohnt sich, danach ein wenig zu suchen, denn der Preis ist nicht wirklich nennenswert höher, aber für die Frauen macht es allerdings einen großen Unterschied.

Apotheken gibt es quasi an jeder Ecke, dort kann man die üblichen Arzneien und Sonnencreme sicher kaufen. Und wer Glück hat, findet auch eine Apotheke, die traditionelle Hausmittel herstellt und Henna-Bemalungen sowie hochwertige Arganöl-Produkte anbietet. Eine gute Adresse ist die **Herboristerie Bab Agnaou.**

Henna wird aus den getrockneten und zermahlenen Blättern des Hennastrauches gewonnen. Mit warmem Wasser oder einer Mischung mit Zitronensaft angerührt, wird eine Paste gewonnen, mit der man Haare und Haut färben kann. Traditionell wird Hennapulver in einfachen Badehäusern auch mit Olivenseife aufgeschäumt und zur Hautpflege verwendet, wobei die Seife den färbenden Effekt neutralisiert.

Es ist ein schönes Erlebnis, sich feine Muster auf

die Haut malen zu lassen, dabei zuzusehen, wie die Künstlerin ihre Punkte und Muster mit solcher Präzision setzt und dann so geschmückt nach Hause zu fahren. Diese Bemalung nennt sich Mehndi und wird meist auf Händen und Füßen getragen. Sie wird auch von Malerinnen auf den Straßen angeboten. Ob man das jedoch in Anspruch nehmen sollte, ist Geschmackssache, denn nicht immer stimmt die Qualität. Auch schwarze Hennatattoos sind nicht zu empfehlen, da die zugesetzten Färbemittel teilweise sehr ungesund sind und zu allergischen Reaktionen führen können. Davon abgesehen ist Mehndi ein schöner Brauch. In muslimischen Ländern symbolisiert die Farbe Rot Kindersegen, Wohlstand und Liebe, weswegen jede Braut in der Nacht vor ihrer Hochzeit ein aufwendiges Mehndi erhält und mit einem roten Schleier und mit Henna geschmückten Händen zu ihrer Hochzeit erscheint.

Handeln ist hier ein Brauch, ein Spiel und es funktioniert in etwa so: Sie kommen in ein Geschäft und werden aufmerksam und freundlich begrüßt. Es hilft, wenn man sagt, man möchte sich zuerst nur umsehen. Wenn Ihnen etwas gefällt, wird der Händler Ihnen den Preis nennen. Als Faustregel sind etwa

50% des genannten Preises angemessen, also fangen Sie mit einem Gegenangebot bei 30 % an und treffen sich irgendwo in der Mitte. Ein gutes Geschäft braucht Zeit. Nehmen Sie sich diese und lassen Sie sich darauf ein. Es kann sehr viel Spaß machen, das Theaterspiel des Gegenübers zu beobachten. Man sollte sich nicht beirren lassen, wenn man anfangs als EuropäerIn ein komisches Gefühl dabei hat. Ein gut gehandeltes Geschäft macht beide glücklich und man verdient sich den Respekt des anderen.

To do

MOSCHEEN

Koutoubia heißt die größte Moschee in Marrakesch, die wohl auch die bekannteste Sehenswürdigkeit der Stadt ist. Übersetzt heißt sie die Moschee der Buchhändler. Erbaut wurde sie im 12. Jahrhundert, 1199 wurde das rechteckige Minarett fertiggestellt. Mit 77 Metern Höhe ist es von fast jedem Ort in Marrakesch zu sehen und wurde so zum Wahrzeichen der Stadt. Auch wenn es dunkel ist, kann man beeindruckende Fotos vom Turm machen.

Es gibt in der ganzen Stadt zahlreiche Gebetshäuser, die teilweise schlicht, teilweise sehr prachtvoll anzusehen sind. Die Moscheen in Marrakesch sind für Andersgläubige nicht zugänglich und dies gilt ohne Ausnahme. Dies ist keine allgemeingültige islamische Regel, sondern eine speziell marokkanische, die aus der Zeit des französischen Protektorats stammt und bis heute nicht neu aufgesetzt wurde. Es wurde zu dieser Zeit großer Wert auf die Trennung der einheimischen bzw. islamischen und der französischen bzw. christlichen Kultur gelegt. Dadurch entstanden auch die neuen Stadtteile Guéliz und Hivernage, in denen der französische Einfluss noch sichtbar ist und man viel an europäischer Lebensart antrifft.

Ein Tipp von mir: Gegenüber der Koutoubia Moschee gibt es ein kleines Eck-Café mit gleichem Namen, in dem man sich mit einem Espresso stärken kann. Nachdem man die Moschee umrundet und den gepflegten Park Lalla Hasna, der nach der marokkanischen Prinzessin benannt ist, zum Spaziergang genutzt hat, ist das die beste Adresse, um sich wieder auf die geschäftige Stadt einzustimmen. In der Sonne sitzend hat man den besten Blick auf das geschäftige Leben direkt an der verkehrsreichen Straße und kann die vielen Eindrücke aufsaugen. Bei Einheimischen und Touristen ebenfalls bekannt und mittlerweile eine Institution in Marrakesch, ist das Cafè KifKif. Nur wenige Meter entfernt wird in dem rot gestrichenen Haus in gemütlicher Atmosphäre an kleinen, engen Tischen leckeres, günstiges Essen angeboten. Wer Glück hat, sichert sich einen Platz auf der Terrasse, mit phantastischem Ausblick auf den Platz und die Moschee.

GÄRTEN UND PARKS

Etwas außerhalb von Marrakesch hat der österreichische Künstler Andre Heller einen Garten erbaut. Dieses Projekt trägt den Namen Anima - Le Retour du Paradis. Also die Rückkehr ins Paradies. Durch die große schöne Holztür tritt man ein in einen weitläufigen, herrlichen Garten voller Skulpturen, seltsamer Fabelwesen und wunderschöner Pflanzen.

Hinter einer anderen Tür, diesmal mitten in Marrakesch, erwartet einen ein anderer Garten: der Jardin Majorelle. Er ist wesentlich bekannter und wurde einst, um 1923 herum, von dem Künstler und Maler Jacques Majorelle angelegt und 1947 für die Öffentlichkeit freigegeben. 1980 übernahmen Yves Saint Laurent, der vielen sicher aus der Modewelt bekannt sein dürfte, und sein Partner Pierre Bergé das Anwesen und restaurierten es aufwendig. Die Gebäude strahlen in intensivem Blau, so wie es Jacques Majorelle konzipiert hatte. Ein Wasserlauf, kleine Pavillons, Kakteen, Palmen, Bambus und Seerosen verzaubern die Besucher. Ein Besuch beim Gedenkstein für Saint Laurent, dessen Asche 2014 im Rosengarten verstreut wurde und auch im angrenzenden Yves Saint-Laurent-Museum, das 2017 eröffnet wurde, ist für Fans ein Muss! Das Museum ist relativ klein, doch die Architektur, die phantastischen Mode-Fotografien und die atemberaubenden Kleid-Kreationen und wechselnde Kunst Ausstellungen sind den Eintritt wert. Und danach hat man vom Café aus einen großartigen Blick und kann die Eindrücke in Ruhe auf sich wirken lassen.

Der Menara-Garten bietet ebenfalls phantastische Ausblicke auf die verschneiten Gipfel des Hohen Atlas. In dem öffentlichen Park ist es wesentlich ruhiger und viele Einheimische besuchen ihn, um zwischen schattigen Palmen, Oliven- und Obstbäumen dem bunten Treiben der Medina zu entfliehen. Man kommt mit dem Bus oder Taxi gut dort hin, da der Park ungefähr 3 Kilometer außerhalb liegt. Er gehört zum UNESCO-Weltkulturerbe und existiert schon seit dem 12. Jahrhundert, als ihn der Almohaden-Herrscher Abd al-Mu´min anlegen ließ.

Zwischen dem Place Liberté und dem Djemma el-Fna liegt der neue, moderne Cyber Parc. Im ganzen Park gibt es kostenlos WLAN und überall stehen Internet-Terminals, also öffentliche Computer zum Surfen. Es macht Spaß, hier mit einem Picknick in Ruhe die Mittagspause zu verbringen und den Leuten zuzusehen.

TÜREN, TORE UND PALÄSTE

Wer seine Augen schweifen lässt und sich die Gebäude anschaut, dem werden sicherlich auch die aufwendig geschnitzten und verzierten Türen auffallen. Sie sind wundervoll anzusehen, doch haben sie auch symbolische Funktion. Die MarokkanerInnen sind zurückgezogen, was ihr Privatleben angeht. Man bedeckt sich und auch wenn man offen auf Fremde zugeht, wird das Innere erst später offenbar. Das gleiche Prinzip sieht man bei den Riads und Gärten und es macht Spaß, mit einem so geschärften Blick durch die Stadt zu gehen und sich zu fragen, welche

Paradiese hinter dem schweren Holz wohl liegen.

Eines dieser Paradiese in der südlichen Medina erstreckt sich auf 8000 Quadratmeter und 160 Räume. Der Bahia Palast ist eines der schönsten Anwesen der Stadt. Erbaut wurde er im späten 19. Jahrhundert vom Großwesir Si Moussa, der zu seiner Zeit, geboren als dunkelhäutiger Sklave, zum zweitmächtigsten Mann des Reiches wurde. Die prachtvollen, kühlen Gärten, das Hammam, die eigene Moschee, die zwei Riads und die herrlichen Mosaike, die alle Räume verzieren, sind auf jeden Fall einen Besuch wert und wegen der schier unglaublichen Größe kann man hier auch einen ganzen Tag verbringen.

Im 16. Jahrhundert ließ Sultan Ahmed el-Mansour seinen El Badi Palast bauen. Nicht ganz so beeindruckend verglichen mit dem Bahia Palast, da man heute nur noch die Grundmauern und den wunderschönen Innenhof besichtigen kann. Die Ruinen lassen erahnen, wie der "Unvergleichliche" einst ausgesehen haben muss. Im Juli jeden Jahres wird im Innenhof ein Kultur- und Folklorefestival abgehalten, bei dem KünstlerInnen aus dem ganzen Land auftreten. Und von der Terrasse des Palastes genießt man einen unglaublichen Blick über die Dächer von Marrakesch. Das ganz besondere Wahrzeichen der Stadt: Im Winter nisten unzählige Störche auf den Mauern. Diese sind hier im Winterquartier und fliegen danach wieder zurück in den Norden.

Die Koranschule Medersa Ben Youssef sollte ebenfalls nicht fehlen, wenn man Marrakesch besucht. Durch ein mächtiges Portal betritt man die einstige Gelehrtenstätte, die wohl im 14. Jahrhundert gegründet wurde. Die wundervolle Ruhe inmitten der Medina, die unglaublich schöne Architektur und auch das Wissen, an dem einst mächtigsten Ort der islamischen Welt zu stehen, machen einen Besuch hier zu etwas Besonderem. Mehr als vier Jahrhunderte war die Medersa der Ort, um Theologie zu studieren und Wissen zu erlangen.

Die Medina von Marrakesch ist von ihrer roten Stadtmauer umschlossen. Es gibt einige sehenswerte Stadttore. Das im Norden gelegene Bab El Khemis, übersetzt „das Tor des Donnerstags", ist eines der 12 Tore in der 12 km langen Stadtmauer von Marrakesch. Es ist auch der Eingang zum gleichnamigen, riesigen Flohmarkt entlang der Stadtmauer.

Hauptsächlich bekannt unter Einheimischen,

findet man hier Vintage- und Secondhand-Kleidung, Antiquitäten, besonders schöne Holztüren aber auch viel Ramsch. Der Besuch lohnt sich für Liebhaber von Flohmärkten und Schnäppchensucher. Das Stadttor selbst ist auch wunderschön anzusehen. Der Flohmarkt findet jeden Donnerstag von 8 bis 24 Uhr statt.

Im nicht allzu überlaufenen Museum Maison de la Photographie sind alte Fotografien von Marrakesch ausgestellt, die einen tiefen Blick in die Geschichte zulassen. Auf der schönen Dachterrasse hat man einen herrlichen Ausblick auf das Atlasgebirge und kann feine Leckereien und Minztee bestellen.

BADEHÄUSER

Die unzähligen Hammams, die Badehäuser und Saunen sind in Marokko sehr beliebt und das nicht ohne Grund. Das Baden mit heißem Wasser und die Sauna sind in der orientalischen Welt Tradition und sorgen für Wohlbefinden. Es gilt jedoch, die Unterscheidung zwischen den Badehäusern für Einheimische und denen für Wohlhabende und Touristen zu machen. Die einzige Gemeinsamkeit ist, dass in beiden die

Männer getrennt von Frauen und Kindern baden. Die simplen Hammams am Rande der Stadt kosten um die 23 Dirham und sind eher schmucklos.

In dem Raum, in dem eine hohe Luftfeuchte herrscht, wäscht man sich selbst mit einer Paste aus Henna und Seife und eine Frau rubbelt dann die Haut mit einem groben Schwamm ab, bis sie knallrot und zart wie Seide ist. In den besseren Hammams kostet die Behandlung mehr, es geht los ab 250 Dirham. Hier finden Sie die schönsten mosaikverzierten Räume und die herrlichsten Massagen, Schwimmbäder und kleine Erfrischungen sowie generell eine Person, die sich um einen kümmert und erklärt, was als Nächstes passiert. Der beste Tipp ist, dass Sie sich eines der Hammams in den Hotels und Riads aussuchen. Man kann das Baderitual auch buchen, wenn man nicht Hotelgast ist. Sie werden dort durch die verschiedenen Stufen geführt. Man ist im Hammam nicht völlig nackt, daher sollten Sie Ihre Badehose nicht vergessen. Auch Frauen tragen generell kein Oberteil, aber eine Bikinihose. Es gilt als unhöflich, wenn man mit dem Wasser verschwenderisch umgeht, denn Marrakesch ist eine Wüstenstadt. Nehmen Sie nur, was Sie zur Reinigung Ihres Körpers brauchen.

Das Les Bains de Marrakesch ist eine bekannte Adresse mit wunderschöner Inneneinrichtung und guten Massagen. Es liegt zentral im Stadtteil Kasbah und Anwendungen sollten Sie vorher reservieren.

Im Royal Mansour Hotel finden Sie den schönsten Hammam der Stadt. Die Besonderheit: Alle Anwendungen sind original marokkanisch und nach islamischer Tradition und nur die feinsten Kosmetikprodukte werden benutzt.

Auf der Derb Raouia Bab Doukala befindet sich das Marraksch Yoga Studio, dass ich Ihnen noch ans Herz legen will. Man kann neben sehr fein und professionell geführten Yogastunden auch Ayurveda Anwendungen und Massagen bekommen und es gibt ein sehr empfehlenswertes Café.Tagesausflüge

CASCADES D'OUZOUD

Ungefähr 150 km entfernt von Marrakesch im Atlasgebirge liegt ein Wasserfall von einzigartiger Schönheit. In Kaskaden stürzt das Wasser über rotes Gestein mehr als 100 Meter in die Tiefe. Feigen- und Olivenbäume säumen den Weg. In der Abenddämmerung kann man mit etwas Glück die seltenen Berberaffen beobachten. Über Treppen können Sie einen Rundweg erklimmen, der Sie mit einem phantastischen Blick belohnt, wenn Sie oben angekommen sind. Es ist möglich, mit einer Fähre dann wieder auf die andere Seite überzusetzen. Feste Schuhe sind ein Muss! Die MarokkanerInnen selbst machen gerne Ausflüge zu den Wasserfällen und in den Ort Ouzoud. Früh loszufahren ist auf jeden Fall besser, da die Fahrt recht lange dauert und der Ort teilweise überfüllt ist. Ein kleiner Abstecher zu der aus Gestein natürlich geformten Brücke Imi-n-Ifri ist eine schöne Ergänzung für den Tagesausflug. Wer länger bleiben möchte und Lust auf Camping, Ruhe und Natur hat, dem sei der Ferienhügel Walhalla empfohlen, der von deutschen Auswanderern unweit von Ouzoud aufgebaut wurde.

STERNENHIMMEL UND WÜSTENSAND

Kamel-Touren werden überall in der Stadt angeboten, meiner Erfahrung nach unterscheiden sich auch die Preise nicht allzu sehr. Eine 2-Tages-Wüstentour in die Sahara ist zwar sehr touristisch, aber dennoch kann sie zu einem Highlight werden. Man wird meist in größeren Gruppen früh abgeholt und nach ein paar Stunden Fahrt durch die Serpentinen der angrenzenden Berge erreicht man die ersten Ausläufer der Dünen.

In Marokko gibt es zwei dieser beeindruckenden, vom Wind geformten Sandwüsten, die Erg Chegaga und Erg Chebbi. Letztere ist vor allem von Touristen frequentiert. Auf Dromedaren reitet die Gruppe dann ein Stück bis zu einem Camp aus Zelten mit Schlafmöglichkeiten und einem Speisezelt, das wunderschön mit Kissen eingerichtet ist. Es gibt traditionelles Abendessen und meist danach ein Lagerfeuer und Musik. Die Stimmung bei Sonnenuntergang ist unglaublich, wenn man barfuß im Sand sitzt und die Sterne in der klaren blauen Luft über dem Camp erscheinen. Einen solchen Sternenhimmel und solche Ruhe muss man erlebt haben!

Oft werden diese Touren auch mit Aufenthalten in den Filmstudios von Ouarzazate verbunden, die sich aber nur lohnen, wenn man absoluter Filmliebhaber ist. Dagegen lohnt sich ein Stopp beim UNESCO-Weltkulturerbe Kasbah Aït-Ben-Haddou. Ein Kasbah ist ein größeres, gesichertes Dorf, in dem zu früheren Zeiten Karawanen zum Schutz und zum Handeln anhielten. Kasbah Aït-Ben-Haddou ist eine der wenigen noch erhaltenen Siedlungen aus Lehm und ist berühmt, da sie in diversen Filmen wie Lawrence von Arabien, Gladiator und Game of Thrones als Kulisse genutzt wurde. Man kann jüdische und islamische Bauweisen in den Lehmhäusern bestaunen, sehen wie Lehmziegeln gemacht werden und ein wenig am Flusstal des Asif Mellah entlangwandern. Früh morgens oder am Abend ist die beste Zeit, denn da ist der Ort weniger überfüllt.

DER ATLAS

Schnee in Marokko - das gibt es. Im Winter ist es nichts Ungewöhnliches, dass es im Atlasgebirge schneit. Der Djebel Toubkal, der höchste Gipfel im gewaltigen Hohen Atlas Gebirge, ragt über 4000

Meter über dem Meeresspiegel in die Wolken und ist nach dem Kilimanjaro der zweithöchste Berg in Afrika.

Es ist möglich, den Berg in einer zwei- oder dreitägigen Trekking-Tour zu besteigen, wobei diese Tour gut geplant sein sollte und auch die Fitness stimmen muss. Es werden auch Mountainbike-Touren in den Bergen angeboten und es lohnt sich, diese körperliche Herausforderung anzunehmen. Die Berber-Siedlungen und die traumhaften Ausblicke, die Stille und die mächtige Natur entschädigen für jede Anstrengung. Das Land ist so vielseitig: Es gibt sogar mehrere Skigebiete im Atlasgebirge, die Sie von Marrakesch aus erreichen können.

ESSAOUIRA

Die schöne Hafenstadt liegt am Atlantik, etwa 175 km von Marrakesch entfernt. Über die gut ausgebaute Route Impérial N 8 bis zur Provinzhauptstadt Chichaoua und von dort weiter über die Rue Régionale R 207 ist die Stadt gut zu erreichen. Sie kommen auch in knapp 3 Stunden für 70 Dirham mit dem Bus von Marrakesch nach Essaouira.

Die weiße Stadt, wie Essaouira auch genannt wird, da alle Häuser weiß gestrichen sind, ist auf jedem Fall einen Ausflug wert, wenn man in seinem Urlaub ein bisschen mehr Zeit zur Verfügung hat. Die Souks wird man von Marrakesch wiedererkennen, doch die Atmosphäre in dem kleinen Ort ist ganz anders.

Einst ein bedeutender Handelsplatz zwischen Europa und Afrika, verlor die Stadt an Bedeutung und Reichtum, um dann in den 60er-Jahren von der Hippiebewegung wiederentdeckt zu werden. Die Medina, die seit 2001 komplett als UNESCO-Weltkulturerbe ausgewiesen ist, ist sehr viel kleiner als in Marrakesch und es geht beschaulicher zu. Perfekt, um den Ort zu Fuß zu erkunden.

Am Strand wird kaum gebadet, auch weil ein ausdauernder Passatwind fast das ganze Jahr über weht. Darum wird die Stadt auch Cité du Vent – Stadt des Windes – genannt. Es ist ratsam, wärmere Kleidung mitzunehmen, denn hier kann es frisch werden. Unter Wind- und Kitesurfern ist Essaouira deswegen sehr bekannt und beliebt. Im Sommer machen die Einheimischen selbst gern Urlaub am Meer. Am Hafen entlang spazieren, den Fischern zuzusehen und sich dann in den Garküchen fangfrischen Fisch zubereiten lassen, das ist Urlaub pur.

WENN ES NACHT WIRD – EDLE RESTAURANTS, BARS UND CLUBS

Obwohl Marokko ein muslimisches Land ist und viele der Gläubigen sich entscheiden, keinen Alkohol trinken, ist die Stadt auf Tourismus ausgerichtet und bietet eine der lebendigsten Partyszenen in Afrika. Zwei bekannte und beliebte Bars in Marrakesch sind die **Royal Mansour Bar** und die **Churchill Bar,** die beide nur wenige Gehminuten vom Djemma el Fna entfernt liegen. Dort kann man wunderbar elegant bei einem Drink den Abend ausklingen lassen, vor allem wenn man in der Medina wohnt und nicht mehr weit fahren möchte.

In der Neustadt findet sich der kleine Club Jad Mahal, der mit seinem marokkanischen Ambiente aus schwerem Samt, Spiegeln und Ledersofas und internationalen, illustren Gästen bekannt ist für seine gute Stimmung und die tollen Partys. Am Wochenende tritt die hauseigene Band auf.

Um so richtig feiern zu gehen, empfehle ich, dass

Sie zuerst einen Abstecher in die Hotelbar des Sofitel zu machen. Das ultramoderne und schicke Hotel liegt in Guéliz und hat auch kulinarisch einige Highlights zu bieten. Danach geht es dann weiter in die Disco Theatro, die ganz in der Nähe liegt und ab ca. 1 Uhr nachts seine Gäste zu Techno und House-Beats tanzen lässt. Das ehemalige Theater ist nun ein beliebter Club, hat teilweise berühmte DJs und das Publikum ist jung und international. In den Discos kann man auch Tische reservieren, was sich empfiehlt, wenn Sie mit einer größeren Gruppe unterwegs sind. Meist gibt es zur Reservierung eine Flasche Sekt dazu, oder aber zur Flasche Champagner bekommt man einen Tisch angeboten.

Weiter außerhalb befindet sich der größte und wohl angesagteste Club Marrakeschs, das **Pacha**, ein stilvoll eingerichteter Tanzclub mit Pool, Chill-Lounge und einer riesigen Tanzfläche. Wie im Original Club auf Ibiza wird hier House und Techno gespielt.

Auch in gehobenen Lokalen bekommt man Alkoholika und zu seinem Abendessen auch leckere Cocktails. Dies ist zum Beispiel im oben bereits erwähnten Club Jad Mahal in der Rue Haroune Erracid oder im Comptoir Darna in der Avenue Echouhada der Fall. Es gibt sogar marokkanisches Bier und marokkanischen Wein, jedoch ist das Bier eher mild und für Europäer nicht allzu schmackhaft. Mein Tipp für Liebhaber französischer Weine und französischer Lebensart: In der Rue de la Liberté in Gueliz befindet sich eine kleine Bar, Le 68 Bar à Vin, mit einer großen Auswahl an Weinen und einer schönen Atmosphäre. Die Bar bietet eine tolle Alternative, wenn man mal wieder etwas Europäisches essen möchte. Auch hier sind die Preise gehoben, es wird hauptsächlich Französisch gesprochen und es empfiehlt sich, wie bei den meisten gehobenen Lokalen, vorher zu reservieren.

Tajine Liebe

RESTAURANTS

R und um den Place Djemma el Fna gibt es viele Restaurants mit Dachterrasse. Zwar werden hier teilweise nicht ganz gerechtfertigte Preise verlangt. Aber ich finde, ein Abendessen dort lohnt sich trotzdem, vor allem am Anfang Ihres Besuches.

Abends geht auf dem Platz ein wildes Spektakel los und von den Terrassen hat man einen großartigen Blick über den gesamten Platz. Tajine und Couscous sind die marokkanischen Nationalgerichte, die man probiert haben muss. Hierfür werden in einer speziellen Tonform - die auch Tajine heißt - Lamm, Hühnchen, Fisch und Gemüse lange geschmort. Auch für Menschen mit empfindlichem Magen ist das Gericht ideal, denn es wird mehrere Stunden im Ofen gegart. Und wer so richtig auf den Geschmack gekommen ist, kann sich so eine Form für Zuhause als Souvenir auf den Märkten mitnehmen.

Die Essensstände auf dem Djemma el-Fna sind Geschmackssache. Man findet leckere, exotische und spannende Gerichte, kann alles probieren, Portionen teilen und mit interessanten Leuten ins Gespräch kommen, während man sich durch das bunte Treiben auf dem Platz schlängelt und Akrobaten und Schlangenbeschwörern zuschaut. Auf der anderen Seite sind die Stände nicht notwendigerweise die sicherste Adresse, wenn man sich um Hygiene Gedanken macht und einen empfindlichen Magen hat.

Mein Insidertipp ist eine Institution für Kulturinteressierte: das Café Clock. Es gibt mittlerweile Cafés in Chefchaouen, Fez und Marrakesch. Auf der Karte finden auch Vegetarier etwas, außerdem gibt es von 9 bis 12 Uhr Frühstück, das man auf der gemütlichen Dachterrasse zu sich nehmen kann. Besonders beliebt auf der Abendkarte ist der Kamel-Burger. Samstags abends macht eine weibliche Band traditionelle live Musik, es gibt Workshops, Filmvorführungen, Geschichtenerzähl-Wettbewerbe und vieles mehr. Ein Besuch lohnt sich sehr, denn hier treffen sich junge und alte Menschen und man bekommt einen Einblick in eine lebendige Kulturszene.

NO MEAT? NO PROBLEM, I MAKE CHICKEN – TIPPS FÜR VEGETARIER

Marokko ist ein Paradies für Fleischesser. Als VegetarierIn und VeganerIn hat man es schon schwerer, beispielsweise auch wenn man eingeladen ist. Viele MarokkanerInnen finden es befremdlich, wenn sie hören, dass man kein Fleisch isst. Doch auch hier ändert sich einiges und in den großen Städten findet man mittlerweile einige tolle Optionen, die ich hier vorstellen möchte.

Alle möglichen saisonalen Sorten an Obst und Gemüse kann man auf den Wochenmärkten finden. Diese sind auch sehr günstig, ebenso gibt es sehr viele Gewürze, die man teilweise als Deutscher nicht einmal kennt. Wenn man in seiner Unterkunft selbst kochen kann, sind mit Reis, Couscous und

Hülsenfrüchten schnell schmackhafte Gerichte gezaubert. Wenn man zum Einkaufen eine einheimische Person mitnehmen kann, die auf Arabisch bestellt und einem sagt, wo man gute Waren bekommt, ist so ein Einkauf eine tolle Möglichkeit, um ins normale Leben der Einheimischen einzutauchen. Wenn Sie niemanden kennen, empfehle ich Ihnen, auch einfach mal auf der Straße jemanden zu fragen, wo Sie einen Markt finden. Die Hilfsbereitschaft wird Sie verblüffen.

Vorsicht ist allerdings geboten, wenn Sie angesprochen werden und man Ihnen den Weg zeigen will. Vor allem um den Djemma el Fna herum in den Souks wird es Ihnen häufig passieren, dass jemand Sie unbedingt begleiten und zu Ihrem Ziel bringen möchte, auch wenn Sie dies ablehnen und selbst wissen, wo Sie hin möchten. Oft sind es Kinder und Jugendliche, die einem den Weg zeigen sollen und oft enden solche Wegbegleitungen mit der Forderung, eine viel zu hohe Summe als Bezahlung abzugeben oder man wird im Kreis oder in den nächsten Laden geführt. Ein selbstbewusstes Nein hilft aber meistens weiter.

Im Restaurant wird als Vorspeise gerne

Fladenbrot mit Oliven und Auberginenpaste, Hummus und anderen fein zubereiteten Gemüsesorten serviert. Generell ist meine Einschätzung, dass die meisten vegetarischen Gerichte auch vegan sind, da in der orientalischen Küche weniger mit Käse und anderen Milchprodukten gekocht wird. Tajines gibt es auch als vegetarische Option und sehr lecker ist Couscous végétarien.

Harira, eine Suppe, die im Fastenmonat Ramadan traditionell nach Sonnenuntergang gegessen wird, wird Vegetariern auch oft empfohlen. Doch Achtung, sie wird oft mit Rindfleisch zubereitet, wenn sie als Gastmahl serviert wird.

Earth Café, dessen erste Filiale sich in einer Seitenstraße der Riad Zitoun Lakdim befindet, ist die Adresse für VeganerInnen. Fast alle Gerichte auf der Karte sind vegan und außerdem hat das Restaurant ein herrlichen Hippieflair, sodass sich ein Besuch lohnt. Angeschlossen ist auch ein kleiner Laden, in dem man biologisch angebaute Öle, Gewürze und Kosmetika ergattern kann. In direkter Nähe findet sich auch das Henna Art Café. Hier gibt es gutes und günstiges, rein pflanzliches Essen sowie einen Raum, in dem man sich Henna Tattoos aufmalen lassen kann. Dies ist sehr zu empfehlen, da die Malerinnen auf den Straßen die Hennapaste manchmal strecken. Im Henna Art Café wird jedoch nach eigenen Angaben nur natürliches, reines Henna verwendet.

Sehr berühmt ist auch das Nomad am Place des Épices - dem Platz der Gewürze, in dem man sehr fein essen kann und auch viele spannende vegetarische Gerichte findet. Da es sehr beliebt ist, lohnt sich eine Reservierung. Das Le Jardin, mein Lieblingsrestaurant in Marrakesch, befindet sich ganz in der Nähe. Dort verzaubert ein unglaublich schöner Garten, in dem man auch essen kann – und das mitten in den Souks. Vor allem die Auswahl an Vorspeisen ist sehr gut.

DER ZAUBER VON MINZE

Ein allgegenwärtiges Ritual der Marokkaner ist das Trinken von Minztee. Lose Blätter werden mit heißem Wasser aufgebrüht und mit viel Zucker gemischt. Wenn man zum Tee eingeladen wird, ist es ein Zeichen der Gastfreundschaft, das den MarokkanerInnen sehr wichtig ist. Uns ist es mit einem alten Händler, bei dem wir Souvenirs kauften, auch passiert. Er strahlte uns mit seinem Mund, in dem die Schneidezähne weggefault waren, so freundlich an, dass ich spontan zusagte. Er ließ uns auf den besten Kissen Platz nehmen, er baute alles in seinem kleinen Lädchen auf, erklärte dabei, wie er den Tee zubereitet, wie er die heiße Flüssigkeit umgießt, um den handgroßen Klumpen Zucker aufzulösen und den Tee auf Trinktemperatur abzukühlen. Es war wunderbar, nur flogen ihm beim Sprechen immer wieder kleine Spucketröpfchen in den Tee. Glücklich schenkte er uns ein. Nun, was soll man tun? Runter damit, dachte ich mir.

In Restaurants und auch als Gast kann man aber auch um Tee bitten, der ohne Zucker zubereitet wird. Man wird ihn bekommen und gleichzeitig bei den Einheimischen einiges gutmütiges Unverständnis auslösen.

TIPPS FÜR TEATIME UND LUNCH

Mein Tipp für diejenigen, die sich etwas ganz Besonderes gönnen wollen, ohne allzu tief in die Tasche greifen zu müssen: Gehen Sie zum Tee ins berühmte Hotel La Mamounia. Man ist auch willkommen, wenn man kein Hotelgast ist. Nicht weit vom Marktplatz entfernt verlässt man die laute Stadt und kommt in eine Oase der luxuriösen Ruhe. Durch die Empfangshalle hindurch in die wundervollen tropischen Gärten geht es, bis man vor einem kleinen Pavillon steht, dem Gartenpavillon Le Menzeh, wo herrlicher Tee und kleine Süßigkeiten serviert werden.

Als wohltuende Erfrischung zwischendurch kaufen Sie sich einen Orangensaft, Jus d'orange, an einem der Stände, die auf dem Djemma el-Fna und in der Stadt verstreut sind und den Saft frisch pressen. Wer etwas Reichhaltigeres möchte, sollte Jus d'avocad, wörtlich Avocado-Saft, probieren. Das ist ein Milchshake aus pürierter Avocado, Milch und Zucker, der gekühlt serviert wird. Besonders toll ist es, wenn dieser auf einer Dachterrasse als kleine Auszeit von dem Trubel genossen wird.

Es gibt überall in der Stadt kleine Pâtisserien, also Cafés, die feines Gebäck herstellen und servieren. Probieren Sie diese, wenn Sie Süßes mögen, denn das Ambiente ist gemütlich. Ähnlich wie die Deutschen, mögen auch MarokkanerInnen die Kaffeehausatmosphäre. Bei Gebäck, das mit Creme und Sahne gefüllt ist, ist ein bisschen Vorsicht geboten, denn man sollte darauf achten, dass solche Speisen richtig gekühlt wurden. Die Pâtisserie Amandine in der Rue Mohammen Al Béqal und die La Pâtisserie Marocaine in der Derb Dabachi sind meine Favoriten.

Ich rate Ihnen unbedingt, sich auf die Suche nach einer kleinen Bäckerei in der Nähe Ihrer Unterkunft zu begeben. Früh morgens kann man beobachten, wie Frauen ihren Brotteig bringen, der in den großen Öfen gebacken wird. Es werden auch traditionelle Brote verkauft, die phantastisch schmecken und sehr billig sind. Zusammen mit Oliven und anderen Köstlichkeiten, die man überall an kleinen Ständen oder in den Supermärkten Marjane und Carrefour erhält, hat man das perfekte, günstige Picknick zum Lunch, um es im einem der Parks in Marrakesch zu genießen.

Ein Tipp zum Schluss: In Marokko gibt man üblicherweise 5 - 10 % Trinkgeld und das nicht nur beim Essen. Außer bei Einzelfahrten mit den Taxis und bei Händlern erwarten fast alle, die einen Service für Sie verrichtet haben, Trinkgeld oder freuen sich darüber.

Dirham und Centimes

Grundsätzlich zahlt man als Tourist mehr als die Einheimischen. Ich habe schon mehrmals erwähnt, dass man, egal wie gut man handelt, nicht die gleichen Preise wie die Einheimischen bekommt. Als Tourist gilt man als reich und tatsächlich ist man das auch, verglichen mit dem Einkommen der meisten Bewohner.

Sie finden in Marrakesch alles, vom eigenen Riad im Royal Mansour bis zu den günstigsten Zimmerchen für ungefähr 6 Euro pro Nacht. Die

Unterschiede zwischen den Preisen sind enorm. Daher ist auch die Spanne, die Sie für Ihr Reisebudget einplanen können, sehr groß, denn nur Sie kennen Ihre Vorlieben am besten. Generell gilt: Sie können in Marrakesch einen sehr günstigen Urlaub verbringen. Je luxuriöser dieser werden soll, umso teurer wird es auch. Nach oben sind keine Grenzen gesetzt.

An den Imbissbuden und den Garküchen zahlen Sie ungefähr 30 bis 50 Dirham pro Essen. In den gehobenen Restaurants kostet ein Essen um die 550 Dirham. Der Eintritt in Paläste, Gärten und Museen kostet meist zwischen 70 und 100 Dirham.

Wer sehr günstig lebt, kommt sicherlich mit 10 bis 20 Euro am Tag, also ungefähr 100 Dirham aus. Und auch wenn Ihr Urlaubsbudget nicht groß sein sollte: Ich würde Ihnen auf jeden Fall dazu raten, einen finanziellen Puffer einzuplanen, um sich einen Besuch im Hammam oder einem teureren Restaurant zu gönnen. Denn dieser herrliche Luxus, der einen umgibt, ist auf jeden Fall sein Geld wert. Ich rate Ihnen außerdem, auch ein Budget zum Einkaufen einzuplanen, denn bei den wunderschönen Waren kann kaum einer widerstehen. Und ein paar Souvenirs und Geschenke für Zuhause erzählen Ihnen auch Jahre später noch etwas von der glücklichen Zeit, die Sie im wunderschönen Marrakesch verbracht haben.

Herstellung und Verlag:

BoD – Books on Demand, Norderstedt

ISBN: 9783751985482

© Melanie Fischer 2020

1. Auflage

Kontakt: Psiana eCom UG/ Berumer Str. 44/ 26844 Jemgum

Covergestaltung: Fenna Larsson

Coverfoto: depositphotos.com